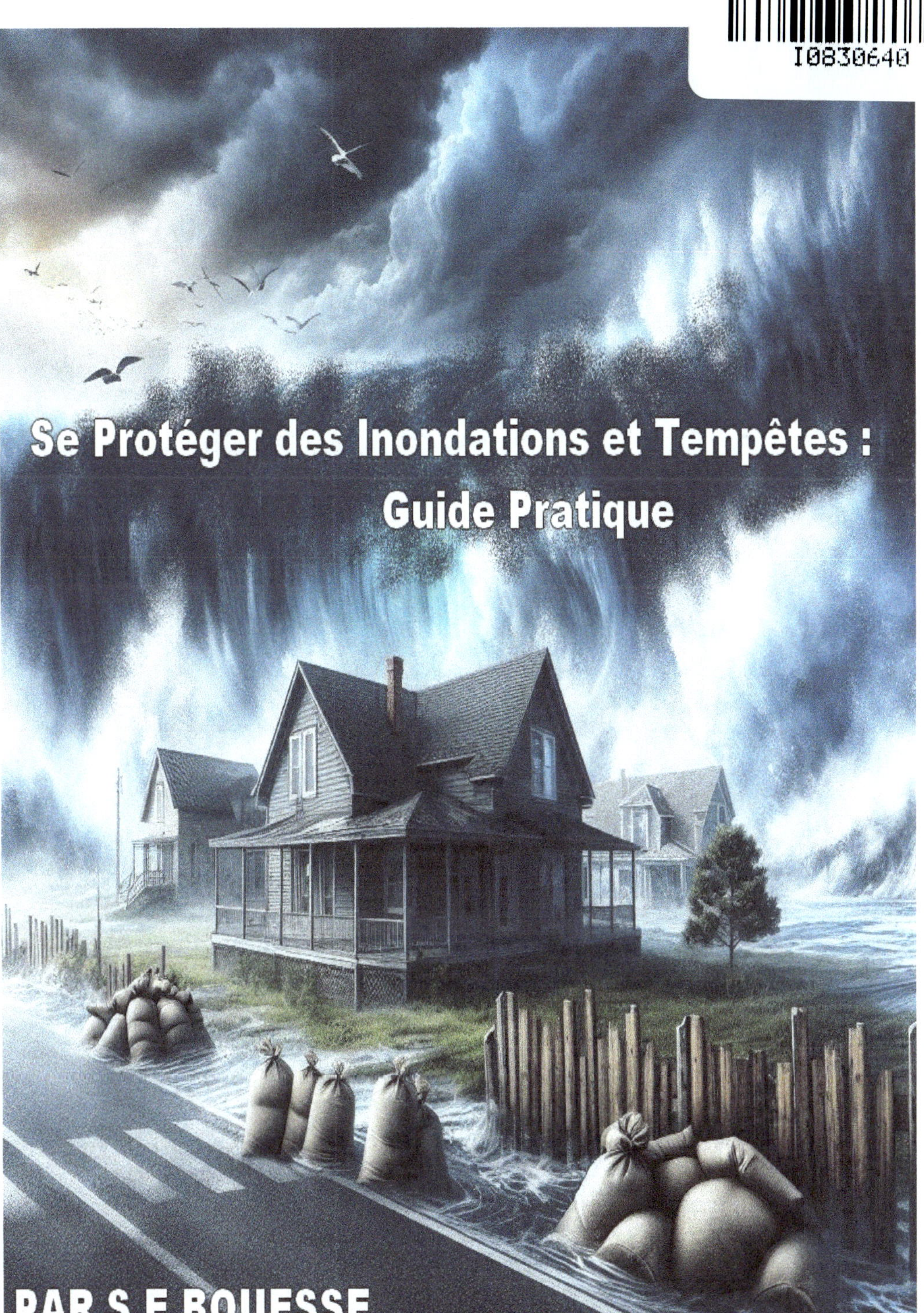
I0830640
Se Protéger des Inondations et Tempêtes :
Guide Pratique
PAR S.E BOUESSE

Se Protéger des Inondations et Tempêtes : Guide Pratique

By S.E Bouesse

TABLE DES MATIERES

1. **Introduction**

- Importance de la vigilance face aux phénomènes météorologiques extrêmes

- Présentation des concepts clés : inondations, tempêtes, cyclones

2. **Comprendre les Phénomènes Météorologiques**

- Signification des alertes météo (vigilance jaune, orange, rouge)

- Rôles des services météorologiques, comme Météo-France et Vigicrues

- Étude de cas : Tempête Kirk et ses impacts

3. **Prévisions et Vigilance**

- Utilisation des prévisions pour se préparer (ex. : eurfulibiliteuh)

- Systèmes d'alerte avancés (comme ceux de Noirmoutier et Seine-et-Marne)

4. **Stratégies de Préparation Personnelle**

- Aménagements à domicile pour la prévention des inondations

- Plans d'évacuation et préparation d'urgence

5. **Récits et Témoignages**

- Histoires de résilience face aux tempêtes en France : Villes et lieux clés (Paris, Yvelines, Nantes)

- Ouragan Milton : Leçons tirées de la Floride

6. **Rôle des Autorités et du Public**

- Coordination des autorités locales (comme Enedis) et des infrastructures (transports, Transilien, RER A)

- Engagement citoyen et organisations bénévoles

7. **Conclusions et Recommandations Finales**

- L'importance des communautés résilientes

- Recommandations pour l'avenir

Introduction

Les phénomènes météorologiques extrêmes, tels que les inondations, les tempêtes et les cyclones, sont devenus des préoccupations croissantes à l'échelle mondiale en raison de leur fréquence accrue et de leur impact dévastateur. Ces événements naturels, souvent exacerbés par le changement climatique, nécessitent une vigilance constante et une préparation adéquate pour minimiser leurs conséquences sur les populations et les infrastructures.

Importance de la Vigilance face aux Phénomènes Météorologiques Extrêmes

La vigilance est essentielle pour garantir la sécurité des communautés et la protection des biens matériels. Elle implique la surveillance continue des conditions météorologiques par des services spécialisés tels que Météo-France ou les systèmes d'alerte à l'inondation comme Vigicrues. L'anticipation et la préparation adéquate permettent non seulement de sauver des vies, mais également de réduire les dommages économiques et environnementaux.

Les alertes météorologiques, qu'elles soient de niveau jaune, orange ou rouge, servent à informer le public du degré de risque lié à un phénomène à venir. Comprendre ces niveaux d'alerte et réagir en conséquence est crucial. Par exemple, en 2024, la tempête Kirk a démontré l'importance de suivre les mises à jour météorologiques en temps réel pour permettre aux communautés de se préparer face à une menace croissante.

Présentation des Concepts Clés : Inondations, Tempêtes, Cyclones

- **Inondations** : Affectant des milliers de personnes chaque année, les inondations résultent souvent de précipitations excessives, pouvant provoquer le débordement de rivières ou l'échec des infrastructures de drainage urbain. L'inondation de la Seine à Paris ou du Grand Morin est un exemple de l'impact de telles catastrophes.

- **Tempêtes** : Des phénomènes tels que la tempête Kirk qui ont balayé la Bretagne et d'autres régions de la France durant le mois d'octobre 2024 montrent à quel point ces systèmes climatiques peuvent perturber la vie quotidienne. Elles peuvent entraîner la fermeture des infrastructures de transport,

des coupures de courant et des dommages
matériels considérables.

- **Cyclones** : Plus puissants que les
tempêtes typiques, les cyclones comme
l'ouragan Milton ont des répercussions
dévastatrices, comme observé aux États-
Unis. Ils impressionnent par la force de leurs
vents, la hauteur de leurs vagues de tempête
et la quantité de précipitations qu'ils laissent
dans leur sillage, provoquant d'importantes
inondations et des dégâts matériels
significatifs.

Dans cette œuvre, nous examinerons
comment ces phénomènes se manifestent,
comment les communautés peuvent s'y
préparer efficacement et les leçons à tirer
des événements passés pour construire une
résilience durable contre les caprices de la
nature.

Comprendre les Phénomènes Météorologiques

Les phénomènes météorologiques extrêmes, tels que les tempêtes et les inondations, exigent une compréhension approfondie des alertes météorologiques et du rôle des services de prévision pour mieux s'y préparer. Décryptons ces éléments essentiels.

Signification des Alertes Météo (Vigilance Jaune, Orange, Rouge)

Les alertes météorologiques sont des systèmes mis en place pour avertir le public des dangers potentiels liés aux conditions climatiques sévères. En France, Météo-France utilise un code couleur pour mieux visualiser le degré de danger :

- **Vigilance Jaune** : Indique un risque potentiel, mais limité. Les activités quotidiennes peuvent normalement être maintenues, mais une attention particulière est recommandée, car des développements inattendus peuvent survenir.

- **Vigilance Orange** : Signale un risque accru, avec des conditions météorologiques qui pourraient perturber certaines activités. Les personnes doivent être préparées à prendre des mesures de précaution supplémentaires et suivre l'évolution des conseils météorologiques.

- **Vigilance Rouge** : Annonce un danger imminent pour la sécurité et la vie, nécessitant une réponse immédiate et la mise en place de mesures d'urgence. Les autorités peuvent recommander des évacuations et des fermetures d'infrastructures pour protéger les populations.

Rôles des Services Météorologiques, comme Météo-France et Vigicrues

Les services météorologiques jouent un rôle crucial dans l'anticipation des phénomènes météorologiques extrêmes :

- **Météo-France** : Chargée de la prévision et de l'émission des alertes météorologiques. Elle offre des informations précieuses sur l'évolution des conditions climatiques à travers des prévisions détaillées et des cartes de vigilance.

- **Vigicrues** : Spécifiquement dédiée à la surveillance des niveaux d'eau dans les cours d'eau, elle fournit des alertes sur les risques d'inondations, aidant ainsi à anticiper les crues et à mettre en œuvre des mesures de protection.

Étude de Cas : Tempête Kirk et ses Impacts

La tempête Kirk, qui a frappé la France en octobre 2024, est un exemple illustratif de l'importance des alertes météorologiques et des services de prévision. Annoncée par une vigilance rouge dans plusieurs régions, Kirk a causé des perturbations majeures, notamment :

- Des vents violents atteignant jusqu'à 150 km/h, entraînant des dommages structurels significatifs et des coupures de courant dans plusieurs zones.

- Des inondations soudaines dans les régions de Loire-Atlantique et Île-de-France, avec la débordement de rivières comme le Grand Morin causant des évacuations obligatoires.

- Les services d'urgence et les autorités locales ont collaboré efficacement pour minimiser les impacts en évacuant les zones à risque et en renforçant les infrastructures critiques.

Grâce aux alertes précoces et à la préparation, les pertes humaines ont pu être réduites, démontrant l'importance capitale des systèmes d'alerte et de la coopération communautaire face à de tels événements.

Prévisions et Vigilance

Face à l'augmentation des phénomènes météorologiques extrêmes, la prévision et la vigilance jouent un rôle indispensable dans la protection des populations et la réduction des dommages. Cette section explore comment les prévisions météorologiques sont utilisées efficacement pour se préparer à de tels événements, ainsi que l'importance des systèmes d'alerte avancés.

Utilisation des Prévisions pour se Préparer

Les prévisions météorologiques sont des outils essentiels pour anticiper les conditions climatiques à venir. Grâce aux avancées technologiques et à l'amélioration des modèles de prévision, il est possible de détecter les situations météorologiques potentiellement dangereuses avec plus de précision. Voici quelques façons dont les prévisions peuvent être utilisées pour se préparer :

- **Planification Personnelle** : Les individus peuvent planifier leurs activités quotidiennes en fonction des prévisions. Par exemple, en cas de tempête annoncée, il est conseillé d'éviter les déplacements non nécessaires, de sécuriser les objets extérieurs et de stocker des provisions de base.

- **Préparation des Infrastructures** : Les gestionnaires de ville et les ingénieurs peuvent utiliser les prévisions pour renforcer les infrastructures critiques comme les digues, les systèmes de drainage et les bâtiments publics. Dans les régions sujettes aux inondations, cela peut inclure la mise en œuvre de plans d'urgence pour évacuer les populations à risque.

- **Éducation et Sensibilisation** : Les prévisions météorologiques servent également d'outil éducatif pour sensibiliser la population aux risques potentiels. Les campagnes d'information peuvent être lancées pour informer les citoyens des mesures à prendre en cas d'alerte météorologique.

L'utilisation efficace des prévisions nécessite une compréhension et une communication claires de l'information météorologique, afin que tous les segments de la société puissent prendre les mesures appropriées pour se protéger.

Systèmes d'Alerte Avancés

Les systèmes d'alerte avancés sont essentiels pour améliorer la vigilance et permettre une réaction rapide face aux conditions météorologiques extrêmes. En France, plusieurs initiatives locales contribuent à cette préparation :

- **Noirmoutier** : Cette région, souvent vulnérable aux tempêtes et inondations, a mis en place un système d'alerte précoce qui utilise des capteurs et des réseaux de communication pour diffuser des alertes en temps réel. Cela permet aux résidents de prendre des mesures préventives rapidement, minimisant ainsi les dégâts potentiels.

- **Seine-et-Marne** : Ici, le système Vigicrues agit comme une vigie pour les niveaux d'eau des rivières. En surveillant continuellement le niveau des eaux et les prévisions météorologiques, Vigicrues émet des alertes qui permettent aux autorités locales de déclencher des protocoles d'urgence et d'informer le public des risques d'inondation.

Ces systèmes sont renforcés par des technologies avancées telles que le traitement de données en temps réel et l'analyse prédictive, ce qui accroît leur efficacité. Ils requièrent également une collaboration étroite entre les services météorologiques, les agences de gestion des crises, et les collectivités locales pour garantir une réponse coordonnée.

Stratégies de Préparation Personnelle

Dans un monde où les événements météorologiques extrêmes deviennent de plus en plus fréquents, il est essentiel que les individus adoptent des stratégies de préparation personnelle pour atténuer les effets des tempêtes et des inondations. Ces stratégies incluent des aménagements à domicile ainsi que la mise en place de plans d'évacuation et de préparation d'urgence, éléments clés pour protéger les vies humaines et les biens.

Aménagements à Domicile pour la Prévention des Inondations

La protection d'un domicile contre les inondations nécessite des ajustements structurels et des précautions pratiques, incluant :

- **Revêtements et Matériaux Imperméables** : Utiliser des matériaux résistants à l'eau pour les sols, tels que le carrelage ou les planchers en béton, peut réduire considérablement les dommages en cas d'inondation. Les murs extérieurs peuvent également être traités avec des revêtements imperméables pour empêcher la pénétration de l'eau.

- **Systèmes de Drainage Améliorés** : L'installation de pompes de puisard dans les sous-sols et la création de réseaux de drainage autour du périmètre de la maison aident à détourner l'eau loin des fondations. Assurez-vous que les gouttières et les drains sont régulièrement nettoyés pour éviter les obstructions.

- **Barrières Anti-inondation** : Investir dans des barrières temporaires ou permanentes, telles que des sacs de sable ou des barrières anti-inondation gonflables, peut offrir une protection supplémentaire. Ces dispositifs peuvent être rapidement mis en place avant une tempête annoncée.

- **Équipements Électriques** : Élever les équipements électriques, les prises et les appareils de chauffage au-dessus du niveau potentiel de l'eau permet de réduire le risque d'incendie et d'électrocution en cas de montée des eaux.

Adopter ces mesures permet de minimiser les risques et d'assurer une préparation adéquate face aux inondations.

Plans d'Évacuation et Préparation d'Urgence

En parallèle des aménagements physiques, élaborer un plan d'évacuation clair et une préparation d'urgence sont cruciaux pour la sécurité de votre famille.

- **Élaboration d'un Plan d'Évacuation** : Identifiez plusieurs routes d'évacuation possibles à partir de votre domicile. Choisissez des destinations de secours sûres, comme chez des proches vivant en dehors de la zone à risque ou des abris publics désignés. Assurez-vous que tous les membres de la famille connaissent le plan et les points de rendez-vous.

- **Kit de Survie** : Préparez un kit de survie contenant des fournitures essentielles telles que de l'eau potable, des aliments non périssables, des médicaments, des lampes de poche, des piles, une radio à piles pour les alertes, des vêtements de rechange, et des articles de première nécessité pour les enfants et les animaux de compagnie.

- **Documents Importants** : Conservez les documents critiques, tels que les papiers d'identité, les assurances et les documents médicaux, dans des pochettes étanches. Considérez la numérisation de ces documents pour en avoir une copie numérique accessible en ligne.

- **Communication** : Établissez un plan de communication pour rester en contact avec les membres de la famille et les amis en cas de séparation. Apprenez aux enfants comment appeler les services d'urgence et échangez les informations de contact de chacun.

La mise en œuvre de ces stratégies de préparation permet d'augmenter la résilience individuelle et familiale face aux événements météorologiques extrêmes, assurant ainsi une sécurité accrue et une tranquillité d'esprit.

Récits et Témoignages

Les récits de résilience individuelle et collective face aux intempéries offrent des leçons inestimables pour mieux se préparer et réagir aux futures catastrophes naturelles. Ces histoires mettent en lumière la capacité des communautés à surmonter l'adversité et à se reconstruire plus fortes qu'auparavant. Nous explorerons ici des histoires inspirantes de résilience face aux tempêtes en France, ainsi que des leçons tirées de l'expérience d'un ouragan majeur en Floride.

Histoires de Résilience Face aux Tempêtes en France

La France, avec sa diversité géographique, est confrontée à divers phénomènes météorologiques extrêmes qui ont, à plusieurs reprises, mis à l'épreuve la résilience de ses habitants. Dans plusieurs régions, les communautés ont démontré une capacité remarquable à s'adapter et à se reconstruire.

- **Paris** : La capitale a subi des inondations majeures qui ont menacé son patrimoine culturel et son économie. Les riverains, les entreprises locales et les autorités ont uni leurs efforts pour mettre en place des solutions innovantes, telles que des systèmes de pompage d'eau et des barrières temporaires, pour protéger les infrastructures critiques. La mise en œuvre rapide des plans d'urgence et la solidarité entre les habitants ont été déterminantes pour minimiser les dégâts.

- **Région de l'Île-de-France** : De nombreux incidents ont mis en évidence l'importance de la coopération entre les communes voisines. Un réseau d'alerte communautaire a été créé pour partager l'information en temps réel, permettant ainsi aux résidents de se préparer efficacement aux tempêtes à venir. La mise en place de refuges temporaires a également offert un abri sûr à ceux qui ont dû évacuer leurs maisons.

- **Ouest de la France** : Les tempêtes violentes ont causé d'importants dégâts matériels, mais elles ont également révélé la force des liens communautaires. Les agriculteurs, durement touchés par la destruction de récoltes, ont bénéficié du soutien collectif à travers des initiatives locales de partage de ressources, renforçant ainsi l'esprit de résilience collective.

Ouragan en Région Côtière des États-Unis : Leçons tirées

Les États situés le long des côtes américaines doivent fréquemment faire face à des ouragans dévastateurs, et ces expériences fournissent des enseignements cruciaux.

- **Préparation Préalable** : Un élément clé de la résilience contre les ouragans est l'importance de la préparation proactive. Les communautés qui ont investi dans des infrastructures résistantes, telles que des digues renforcées et des abris anti-tempête, ont pu réduire les impacts immédiats des inondations et des vents violents.

- **Communication Efficace** : La communication entre les agences d'urgence et le public s'est avérée essentielle pour coordonner les efforts d'évacuation et de secours. Systèmes de messagerie d'urgence, médias sociaux et stations de radio locales ont permis de garder la population informée, même lorsque les communications traditionnelles ont échoué.

- **Reconstruction Résiliente** : Après le passage de la tempête, la phase de reconstruction offre une opportunité unique pour bâtir durablement. En intégrant des pratiques durables dans le réaménagement des infrastructures, les communautés peuvent mieux se préparer aux événements futurs et réduire les risques à long terme.

En s'inspirant de ces leçons, les collectivités peuvent développer des stratégies efficaces pour renforcer leur capacité à résister et à se remettre des événements météorologiques extrêmes.

Rôle des Autorités et du Public

La gestion efficace des phénomènes météorologiques extrêmes repose sur une collaboration étroite entre les autorités locales, les infrastructures essentielles et le public. Cette synergie permet non seulement de réagir rapidement aux urgences mais aussi de renforcer la résilience des communautés à long terme.

Coordination des Autorités Locales et des Infrastructures

Les autorités locales jouent un rôle essentiel dans la gestion et la coordination des réponses aux situations d'urgence. En période de crise, leur capacité à mobiliser et à coordonner les ressources, qu'il s'agisse des services publics ou des infrastructures privées, est cruciale pour assurer la sécurité et le bien-être des populations.

- **Gestion de l'Énergie et des Services Publics** : Les entreprises de services publics, comme celles responsables de la distribution d'énergie, telles qu'Enedis, ont la tâche complexe de maintenir l'approvisionnement en électricité et de gérer les pannes lors de tempêtes ou d'inondations. Elles travaillent en étroite collaboration avec les municipalités pour prioriser les réparations et rétablir rapidement les services essentiels.

- **Infrastructures de Transport** : Les systèmes de transport, tels que le Transilien ou le RER A, sont vitaux pour l'évacuation et le déplacement des secours. En période de crise, les opérateurs de transport doivent s'assurer que les lignes restent opérationnelles et sécurisées. La coordination avec les autorités locales permet de planifier des détours, de renforcer la sécurité et d'informer le public des fermetures ou des retards.

- **Communication et Information** : Assurer une communication fluide et efficace est un autre aspect critique de la coordination. Les autorités locales doivent utiliser tous les canaux disponibles, y compris les réseaux sociaux, les applications mobiles et les alertes SMS, pour fournir des mises à jour en temps réel aux résidents.

Engagement Citoyen et Organisations Bénévoles

Aux côtés des efforts officiels, le rôle du public et des organisations bénévoles est fondamental pour consolider les actions de préparation et de réponse.

- **Préparation Communautaire** : Les résidents eux-mêmes sont souvent les premiers à répondre à une catastrophe dans leur quartier. Initiatives de quartier pour préparer des kits d'urgence, organiser des formations en secourisme et connaître les itinéraires d'évacuation possibles. La prévoyance collective aide à créer un tissu social résistant aux crises.

- **Réseaux de Solidarité** : Les organisations bénévoles et les groupes communautaires se mobilisent pour fournir un soutien immédiat, fournir de la nourriture, un abri et une assistance financière aux victimes. Leur flexibilité et leur connaissance de la communauté en font des partenaires précieux dans les efforts de secours.

- **Participation Citoyenne Active** : Encourager les citoyens à s'engager dans la planification et la gestion des risques contribue à une meilleure préparation. Les forums publics, les ateliers et les groupes de discussion permettent aux résidents de partager leurs préoccupations et d'apprendre à élaborer des stratégies efficaces pour atténuer les impacts des événements météorologiques.

L'impact conjoint des efforts des autorités et de l'engagement civique favorise une résilience communautaire qui dépasse la simple réaction aux catastrophes, en construisant un cadre dans lequel les citoyens sont à la fois protégés et impliqués activement dans la protection de leur environnement.

Conclusions et Recommandations Finales

La gestion des phénomènes météorologiques extrêmes et des catastrophes naturelles repose sur une résilience communautaire forte et des recommandations claires pour un avenir durable. Cette section se concentre sur l'importance cruciale des communautés résilientes et propose des recommandations stratégiques pour renforcer la capacité d'adaptation face aux défis climatiques croissants.

L'Importance des Communautés Résilientes

Les communautés résilientes sont la pierre angulaire de la gestion des catastrophes. Elles englobent non seulement la capacité à résister aux impacts immédiats d'un événement, mais aussi la faculté de s'adapter et de se rétablir rapidement, tout en minimisant les perturbations à long terme. Cette résilience se manifeste à travers plusieurs aspects critiques :

- **Structure Sociale Solide** : Les liens sociaux renforcés assurent un soutien mutuel lors des crises. La coopération entre voisins, familles et organisations locales joue un rôle vital pour partager des ressources, des informations et un soutien émotionnel.

- **Connaissance et Éducation Communautaires** : Une conscience accrue des risques et des protocoles de sécurité, promue par des programmes éducatifs communautaires, prépare les individus à réagir rapidement et efficacement face à des situations d'urgence. Les ateliers et formations sur la gestion des catastrophes, la sécurité incendie, et les premiers secours renforcent cette préparation.

- **Adaptation des Infrastructures Locales** : Investir dans les infrastructures locales pour résister aux événements météorologiques extrêmes est essentiel. Cela comprend la modernisation des systèmes de drainage pour prévenir les inondations, la construction de bâtiments capables de résister aux fortes tempêtes et le développement de réseaux d'énergie renouvelable pour réduire la dépendance aux systèmes vulnérables pendant les crises.

- **Engagement Proactif des Citoyens** : Le rôle actif des citoyens dans la préparation et la gestion des risques renforce la résilience. Des exercices communautaires de simulation, la participation volontaire aux groupes de réponse aux urgences, et un dialogue continu avec les autorités créent une culture partagée de vigilance et de capacité d'adaptation.

Recommandations pour l'Avenir

Pour assurer une résilience durable et une amélioration continue dans la gestion des phénomènes météorologiques extrêmes, plusieurs recommandations peuvent être formulées :

1. **Renforcement de l'Éducation et de la Sensibilisation** : Promouvoir un enseignement systématique des risques climatiques et de la gestion des catastrophes dans les écoles, ainsi que pour les adultes grâce à des initiatives communautaires. Élargir la portée des campagnes de sensibilisation pour inclure des informations sur la réduction des risques et les mesures préventives.

2. **Innovation Technologique et Infrastructures Vertes** : Encourager l'adoption de nouvelles technologies qui augmentent la résilience des infrastructures, telles que l'utilisation de capteurs intelligents pour la surveillance en temps réel des conditions environnementales. Investir dans

des infrastructures vertes comme les parcs de rétention d'eau et les toits végétalisés pour atténuer les impacts des catastrophes naturelles.

3. **Politiques Publiques et Gouvernance** : Élaborer des politiques gouvernementales qui favorisent le développement durable et la gestion intégrée des risques. Les législations devraient soutenir la construction résistante, l'urbanisme durable, et la protection des zones naturellement protégées pour réduire la vulnérabilité face aux catastrophes.

4. **Collaboration Internationale et Partage de Connaissances** : Établir des partenariats internationaux pour le partage des meilleures pratiques et la coopération en matière de recherche sur la résilience climatique. Les échanges entre pays et communautés peuvent conduire à des innovations et des approches communes qui renforcent la résilience globale.

5. **Environnementalisme et Réduction de l'Empreinte Carbone** : Mettre en œuvre des actions visant à réduire les émissions de carbone et à préserver les écosystèmes naturels. Les stratégies de reboisement, la protection des zones humides, et l'utilisation d'énergies renouvelables contribuent à

minimiser les effets du changement climatique.

6. **Renforcement des Capacité Locales** : Augmenter les ressources allouées aux équipes et organisations locales pour renforcer leur capacité à répondre rapidement et efficacement aux crises. La formation continue, le soutien logistique, et l'accès aux technologies avancées amènent à une meilleure gestion locale des risques.

7. **Engagement Continu et Réactivité Collective** : Encourager un engagement constant de la communauté dans les initiatives de résilience, avec un accent sur l'amélioration continue des stratégies de prévention et de gestion. Cela inclut des évaluations régulières des procédures existantes et l'ajustement aux nouvelles tendances et défis climatiques.

En adoptant ces recommandations, les communautés peuvent améliorer significativement leur résilience envers les catastrophes naturelles, assurant ainsi la sécurité, le bien-être et la prospérité des générations présentes et futures.

ASTUCES POUR SE PROTEGER DES INONDATIONS ET TEMPETES : GUIDE PRATIQUE

Contexte

Imaginez un petit quartier dans la région ouest de la France, régulièrement exposé aux tempêtes et pluies torrentielles, menaçant d'inonder les résidences et de perturber la vie quotidienne. La récente alerte d'une tempête prédit des rafales de vent et une forte précipitation sur plusieurs jours.

Techniques et Astuces pour l'Action

1. **Évaluation Préventive**

- **Cartographie du Risque** : Commencez par cartographier votre domicile et le quartier en identifiant les points faibles comme les sous-sols, les garages, et les jardins vulnérables aux inondations. Utilisez des applications ou logiciels de cartographie en ligne pour suivre les données météorologiques en direct.

- **Réunions Communautaires** : Organisez des rencontres de quartier pour discuter des risques, partager des expériences passées et des solutions efficaces mises en œuvre auparavant.

2. **Aménagements à Domicile**

- **Installation de Barrières Physiques** : Placez des sacs de sable ou des barrières temporaires autour des portes et fenêtres du rez-de-chaussée pour éviter la pénétration de l'eau. Les barrières automatiques peuvent être un investissement à long terme.

- **Pompes de Puisard** : Assurez-vous que votre pompe de puisard est fonctionnelle pour vider l'excès d'eau dans les sous-sols. Avoir un générateur de secours pour la pompe garantit son fonctionnement même en cas de coupure d'électricité.

3. **Optimisation des Espaces Verts**

- **Jardins Pluviaux** : Encouragez l'installation de jardins pluviaux qui absorbent l'eau de ruissellement et aident à diminuer le volume d'eau atteignant les systèmes de drainage municipaux.

- **Végétalisation des Toits** : Si possible, installez des toits verts qui absorbent l'eau et aident à isoler les structures contre le vent et le froid.

4. **Plans de Communication et Évacuation**

- **Utilisation des Médias Sociaux** : Créez un groupe WhatsApp ou Facebook pour le quartier afin de partager des mises à jour en temps réel, des alertes météorologiques et des messages de sécurité.

- **Protocoles d'Évacuation** : Définissez et distribuez des itinéraires d'évacuation clairs, signes de reconnaissance pour les lieux sécurisés et numéros d'urgence. Organisez des exercices d'évacuation pour les familles.

5. **Suivi et Entretien**

- **Vérification Régulière des Systèmes** : Inspectez régulièrement vos gouttières et toits pour s'assurer qu'ils ne sont pas obstrués. Faites de même pour les sorties de drainage autour de votre propriété.

- **Évaluation Post-Événement** : Une fois la tempête passée, évaluez les dommages potentiels et notez les leçons apprises pour de futures améliorations.

FAQ - Se Protéger des Inondations et Tempêtes : Guide Pratique

1. Quelle est l'intention principale de ce guide ?

Ce guide vise à fournir des informations pratiques et des recommandations pour aider les individus et les communautés à se préparer et à réagir efficacement face aux inondations et tempêtes. Il a été conçu à des fins éducatives et informatives.

2. Le guide garantit-il une protection totale contre les catastrophes naturelles?

Non, ce guide ne garantit pas une protection totale. Les événements météorologiques sont imprévisibles et peuvent varier en intensité et impact. Les stratégies proposées sont conçues pour minimiser les risques et les dommages, mais elles ne peuvent éliminer complètement les risques liés aux phénomènes naturels extrêmes.

3. Comment ce guide peut-il me protéger juridiquement lors de l'utilisation des recommandations ?

Ce guide propose des suggestions basées sur des pratiques généralement acceptées et ne doit pas être considéré comme un avis professionnel ou légal. L'auteur du guide décline toute responsabilité pour les actions individuelles prises sur la base des conseils fournis. Il est toujours recommandé de consulter des experts locaux ou des professionnels qualifiés lors de l'application de mesures spécifiques.

4. Qui dois-je contacter en cas d'urgence liée aux intempéries ?

En cas d'urgence, il est crucial de contacter les services de secours locaux, tels que les pompiers ou la protection civile. Le guide ne remplace pas les conseils ou interventions des services d'urgence.

5. Les technologies recommandées dans ce guide sont-elles garanties efficaces?

Les technologies et méthodes recommandées dans ce guide sont généralement reconnues pour augmenter la résilience face aux conditions météorologiques. Cependant, leur efficacité dépend de nombreux facteurs, dont l'installation correcte et les conditions spécifiques d'une situation donnée. Consulter des spécialistes pour des conseils spécifiques est conseillé.

6. Puis-je partager les informations contenues dans ce guide avec mon entourage ?

Oui, vous êtes encouragé à partager ces informations pour promouvoir la préparation aux catastrophes au sein de votre communauté. Toutefois, pour des reproductions commerciales ou des partages significatifs, il est recommandé de contacter l'auteur pour des questions de droits d'auteur.

7. Ce guide inclut-il des témoignages ou des études de cas réels ?

Ce guide peut inclure des récits inspirés de situations plausibles mais anonymisés pour respecter la confidentialité. Toute ressemblance avec des événements ou individus réels est purement fortuite.

8. Est-ce que l'application des conseils du guide remplace les exigences légales ou réglementaires ?

Non, ce guide ne remplace pas les obligations légales ou réglementaires locales. Il est important de respecter toutes les lois et régulations spécifiques à votre région concernant les préparations et réponses aux phénomènes météorologiques.

9. Comment puis-je obtenir plus d'informations ou des clarifications sur certains aspects du guide ?

Pour plus d'informations ou des questions spécifiques liées aux contenus du guide, veuillez contacter l'auteur à travers les coordonnées fournies dans la section des remerciements ou à la fin du guide.

REMERCIEMENTS :

EDITEUR : GROUPE BUSINESS THERAPIE

CONTRIBUTION GRAPHISME : kharYsma
Arafat NZABA

Email : notairebtc@yahoo.fr

arafatnzaba@groupe-businesstherapie.net

AUTEUR : S.E Bouesse (PSEUDONYME)

ENGLISH VERSION

Protecting Yourself from Floods and Storms: A Practical Guide

By S.E BOUESSE

1. **Introduction**

- The importance of vigilance against extreme weather events

- Overview of key concepts: floods, storms, cyclones

2. **Understanding Weather Phenomena**

- Meaning of weather alerts (yellow, orange, red alerts)

- Roles of weather services, like Météo-France and Vigicrues

- Case study: Storm Kirk and its impacts

3. **Forecasts and Vigilance**

- Using forecasts to prepare (e.g., anticipation strategies)

- Advanced alert systems (like those in Noirmoutier and Seine-et-Marne)

4. **Personal Preparation Strategies**

- Home modifications for flood prevention

- Evacuation plans and emergency preparedness

5. **Stories and Testimonies**

- Stories of resilience against storms in France: Key cities and areas (Paris, Yvelines, Nantes)

- Hurricane Milton: Lessons learned from Florida

6. **Role of Authorities and the Public**

- Coordination by local authorities (like Enedis) and infrastructures (transportation, Transilien, RER A)

Introduction

Extreme weather phenomena such as floods, storms, and cyclones have become growing concerns worldwide due to their increased frequency and devastating impact. These natural events, often exacerbated by climate change, require constant vigilance and adequate preparation to minimize their consequences on populations and infrastructures.

The Importance of Vigilance Against Extreme Weather Phenomena

Vigilance is essential to ensure community safety and the protection of property. It involves the continuous monitoring of weather conditions by specialized services such as Météo-France or flood alert systems like Vigicrues. Proper anticipation and preparation not only save lives but also reduce economic and environmental damage.

Weather alerts, whether yellow, orange, or red, serve to inform the public about the level of risk associated with an upcoming phenomenon. Understanding these alert levels and reacting accordingly is crucial. For example, in 2024, Storm Kirk demonstrated the importance of following real-time weather updates to allow communities to prepare for an increasing threat.

Presentation of Key Concepts: Floods, Storms, Cyclones

- **Floods**: Affecting thousands of people each year, floods often result from excessive rainfall, which may cause rivers to overflow or urban drainage infrastructure to fail. The flooding of the Seine in Paris or the Grand Morin is an example of the impact of such disasters.

- **Storms**: Phenomena like Storm Kirk, which swept through Brittany and other regions of France in October 2024, show how these weather systems can disrupt daily life. They can lead to the closure of transportation infrastructure, power outages, and significant material damage.

- **Cyclones**: More powerful than typical storms, cyclones like Hurricane Milton have devastating repercussions, as observed in the United States. They impress by the strength of their winds, storm surge heights, and the amount of rainfall they leave behind, causing significant flooding and material damage.

In this work, we will explore how these phenomena manifest, how communities can effectively prepare for them, and the lessons learned from past events to build lasting resilience against nature's whims.

Understanding Weather Phenomena

Extreme weather phenomena, such as storms and floods, require a thorough understanding of weather alerts and the role of forecasting services to better prepare for them. Let's break down these essential elements.

Meaning of Weather Alerts (Yellow, Orange, Red Alert)

Weather alerts are systems put in place to warn the public of potential dangers related to severe climatic conditions. In France, Météo-France uses a color code to better visualize the level of danger:

- **Yellow Alert**: Indicates a potential but limited risk. Daily activities can generally continue, but caution is advised as unexpected developments may occur.

- **Orange Alert**: Signals an increased risk, with weather conditions that could disrupt certain activities. Individuals must be prepared to take additional precautionary measures and follow the development of weather advice.

- **Red Alert**: Announces an imminent danger to safety and life, requiring immediate response and the implementation of emergency measures. Authorities may recommend evacuations and infrastructure closures to protect populations.

Roles of Meteorological Services, such as Météo-France and Vigicrues

Meteorological services play a crucial role in anticipating extreme weather phenomena:

- **Météo-France**: Responsible for forecasting and issuing weather alerts. It provides valuable information on the evolution of climatic conditions through detailed forecasts and vigilance maps.

- **Vigicrues**: Specifically dedicated to monitoring water levels in rivers, it provides alerts on flood risks, thus helping to anticipate floods and implement protective measures.

Case Study: Storm Kirk and Its Impacts

Storm Kirk, which struck France in October 2024, is an illustrative example of the importance of weather alerts and forecasting services. Announced by a red alert in several regions, Kirk caused significant disruptions, including:

- Violent winds reaching up to 150 km/h, causing significant structural damage and power outages in several areas.

- Sudden floods in the Loire-Atlantique and Île-de-France regions, with rivers like the Grand Morin overflowing and causing mandatory evacuations.

- Emergency services and local authorities collaborated effectively to minimize impacts by evacuating at-risk areas and reinforcing critical infrastructure.

Thanks to early warnings and preparation, human losses were reduced, demonstrating the critical importance of alert systems and community cooperation in the face of such events.

Forecasts and Vigilance

In the face of increasing extreme weather phenomena, forecasting and vigilance play an essential role in protecting populations and reducing damage. This section explores how weather forecasts are effectively used to prepare for such events and the importance of advanced alert systems.

Using Forecasts to Prepare

Weather forecasts are essential tools for anticipating upcoming climatic conditions. Thanks to technological advances and improved forecasting models, it is possible to detect potentially dangerous weather situations with greater accuracy. Here are some ways forecasts can be used for preparation:

- **Personal Planning**: Individuals can plan their daily activities based on forecasts. For instance, if a storm is announced, it is advisable to avoid unnecessary travel, secure outdoor objects, and stock basic supplies.

- **Infrastructure Preparation**: City managers and engineers can use forecasts to reinforce critical infrastructures such as levees, drainage systems, and public buildings. In regions prone to flooding, this may include implementing emergency plans to evacuate at-risk populations.

- **Education and Awareness**: Weather forecasts also serve as an educational tool to raise public awareness about potential risks. Information campaigns can be launched to inform citizens about precautionary measures in case of weather alerts.

The effective use of forecasts requires a clear understanding and communication of meteorological information, so all segments of society can take appropriate protective measures.

Advanced Alert Systems

Advanced alert systems are crucial for enhancing vigilance and enabling a rapid response to extreme weather conditions. In France, several local initiatives contribute to this preparedness:

- **Noirmoutier**: This region, often vulnerable to storms and flooding, has implemented an early warning system that uses sensors and communication networks to broadcast real-time alerts. This allows residents to take preventive measures quickly, thus minimizing potential damage.

- **Seine-et-Marne**: Here, the Vigicrues system acts as a sentinel for river water levels. By continuously monitoring water levels and weather forecasts, Vigicrues issues alerts that enable local authorities to trigger emergency protocols and inform the public about flood risks.

These systems are reinforced by advanced technologies such as real-time data processing and predictive analysis, which enhance their effectiveness. They also require close collaboration between meteorological services, crisis

management agencies, and local communities to
ensure a coordinated response.

Personal Preparation Strategies

In a world where extreme weather events are becoming increasingly frequent, it is essential for individuals to adopt personal preparation strategies to mitigate the effects of storms and floods. These strategies include home adaptations as well as the establishment of evacuation plans and emergency preparedness, key elements for protecting human lives and property.

Home Adaptations for Flood Prevention

Protecting a home from flooding requires structural adjustments and practical precautions, including:

- **Waterproof Coverings and Materials**: Using water-resistant materials for flooring, such as tiles or concrete slabs, can significantly reduce damage in the event of flooding. Exterior walls can also be treated with waterproof coatings to prevent water infiltration.

- **Improved Drainage Systems**: Installing sump pumps in basements and creating drainage networks around the home's perimeter help divert water away from the foundations. Ensure gutters and drains are regularly cleaned to avoid blockages.

- **Flood Barriers**: Investing in temporary or permanent barriers, such as sandbags or inflatable flood barriers, can provide additional protection. These devices can be quickly set up before an announced storm.

- **Electrical Equipment**: Elevating electrical equipment, outlets, and heating appliances above the potential water level reduces the risk of fire and electrocution in the event of rising waters.

Adopting these measures minimizes risks and ensures adequate preparation for floods.

Evacuation Plans and Emergency Preparedness

In addition to physical adaptations, developing a clear evacuation plan and emergency preparedness are crucial for your family's safety.

- **Developing an Evacuation Plan**: Identify several possible evacuation routes from your home. Choose safe shelter destinations, such as with relatives living outside the risk area or designated public shelters. Ensure all family members know the plan and meeting points.

- **Survival Kit**: Prepare a survival kit containing essential supplies such as clean water, non-perishable food, medications, flashlights, batteries, a battery-powered radio for alerts, spare clothing, and essentials for children and pets.

- **Important Documents**: Keep critical documents, such as identification papers, insurance, and medical documents, in waterproof folders. Consider digitizing these documents for an online accessible copy.

- **Communication**: Establish a communication plan to stay in touch with family and friends in case of separation. Teach children how to call emergency services and exchange contact information.

Implementing these preparation strategies increases individual and family resilience to extreme weather events, ensuring enhanced safety and peace of mind.

Stories and Testimonies

Accounts of individual and collective resilience in the face of severe weather offer invaluable lessons for better preparing for and responding to future natural disasters. These stories highlight the ability of communities to overcome adversity and rebuild stronger than before. Here, we explore inspiring stories of resilience against storms in France, along with lessons drawn from the experience of a major hurricane in the United States.

Stories of Resilience Against Storms in France

France, with its geographic diversity, faces various extreme weather phenomena that have repeatedly tested the resilience of its inhabitants. In several regions, communities have demonstrated a remarkable ability to adapt and rebuild.

- **The Capital City**: The city has experienced major floods that have threatened its cultural heritage and economy. Residents, local businesses, and authorities have joined forces to implement innovative solutions, such as water pumping systems and temporary barriers, to protect critical infrastructures. The swift implementation of emergency plans and solidarity among residents were crucial to minimizing damage.

- **The Greater Paris Area**: Numerous incidents have highlighted the importance of cooperation among neighboring communes. A community alert network was created to share real-time information, enabling residents to effectively prepare for upcoming storms. The establishment of temporary shelters also provided safe refuge for those forced to evacuate their homes.

- **Western France**: Violent storms have caused significant material damage, but they have also revealed the strength of community bonds. Farmers, severely impacted by crop destruction, received collective support through local resource-sharing initiatives, thereby strengthening the spirit of collective resilience.

Hurricane in a Coastal Region of the United States: Lessons Learned

States along the US coasts frequently face devastating hurricanes, and these experiences provide crucial insights.

- **Proactive Preparation**: A key element of resilience against hurricanes is the importance of proactive preparation. Communities that invested in resilient infrastructure, such as reinforced levees and storm shelters, were able to reduce the immediate impacts of flooding and high winds.

- **Effective Communication**: Communication between emergency agencies and the public proved essential for coordinating evacuation and relief efforts. Emergency messaging systems, social media, and local radio stations kept the population informed, even when traditional communications failed.

- **Resilient Reconstruction**: After the storm's passage, the reconstruction phase offers a unique opportunity for sustainable building. By integrating sustainable practices in infrastructure redevelopment, communities can better prepare for future events and reduce long-term risks.

Drawing inspiration from these lessons, communities can develop effective strategies to enhance their capacity to withstand and recover from extreme weather events.

Role of Authorities and the Public

The effective management of extreme weather events relies on a close collaboration between local authorities, essential infrastructure services, and the public. This synergy not only allows for a rapid response in emergencies but also strengthens long-term community resilience.

Coordination of Local Authorities and Infrastructure

Local authorities play a key role in managing and coordinating emergency responses. During crises, their ability to mobilize and coordinate resources, whether public services or private infrastructure, is crucial to ensuring the safety and welfare of populations.

- **Energy Management and Public Services**: Utility companies, like those responsible for energy distribution, have the complex task of maintaining electricity supply and managing outages during storms or floods. They work closely with municipalities to prioritize repairs and quickly restore essential services.

- **Transport Infrastructure**: Transport systems, such as the Transilien or RER A, are vital for evacuation and the movement of relief efforts. During crises, transport operators must ensure lines remain operational and secure. Coordination with local authorities allows for planned detours, enhanced security, and public notification of closures or delays.

- **Communication and Information**: Ensuring smooth and effective communication is another critical aspect of coordination. Local authorities must use all available channels, including social media, mobile apps, and SMS alerts, to provide real-time updates to residents.

Public Engagement and Volunteer Organizations

Complementing official efforts, the role of the public and volunteer organizations is fundamental to bolstering preparation and response actions.

- **Community Preparedness**: Residents themselves are often the first to respond to a disaster in their neighborhood. Neighborhood initiatives for preparing emergency kits, organizing first aid training, and knowing possible evacuation routes help create a crisis-resistant social fabric.

- **Solidarity Networks**: Volunteer organizations and community groups mobilize to provide immediate support, offering food, shelter, and financial assistance to victims. Their flexibility and community knowledge make them valuable partners in relief efforts.

- **Active Citizen Participation**: Encouraging citizens to engage in risk planning and management contributes to better preparedness. Public forums, workshops, and discussion groups allow residents to share their concerns and learn strategies to effectively mitigate the impacts of weather events.

The joint impact of governmental efforts and civic engagement fosters community resilience that goes beyond mere disaster response, building a framework in which citizens are both protected and actively involved in safeguarding their environment.

Conclusions and Final Recommendations

The management of extreme weather phenomena and natural disasters relies on strong community resilience and clear recommendations for a sustainable future. This section focuses on the crucial importance of resilient communities and provides strategic recommendations to strengthen adaptability in the face of increasing climate challenges.

The Importance of Resilient Communities

Resilient communities are the cornerstone of disaster management. They encompass not only the ability to withstand the immediate impacts of an event but also the capacity to adapt and quickly recover while minimizing long-term disruptions. This resilience is manifested through several critical aspects:

- **Strong Social Structure**: Reinforced social bonds ensure mutual support during crises. Cooperation among neighbors, families, and local organizations plays a vital role in sharing resources, information, and emotional support.

- **Community Knowledge and Education**: Heightened awareness of risks and safety protocols, promoted through community educational programs, prepares individuals to respond rapidly and effectively in emergency situations. Workshops and training on disaster management, fire safety, and first aid bolster this preparedness.

- **Adaptation of Local Infrastructure**: Investing in local infrastructure to withstand extreme weather events is essential. This includes modernizing drainage systems to prevent flooding, constructing buildings capable of withstanding strong storms, and developing renewable energy networks to reduce reliance on vulnerable systems during crises.

- **Proactive Citizen Engagement**: The active role of citizens in risk preparation and management reinforces resilience. Community simulation exercises, voluntary participation in emergency response groups, and an ongoing dialogue with authorities create a shared culture of vigilance and adaptability.

Recommendations for the Future

To ensure sustainable resilience and continuous improvement in managing extreme weather phenomena, several recommendations can be made:

1. **Strengthening Education and Awareness**: Promote systematic education on climate risks and disaster management in schools and for adults through community initiatives. Broaden the reach of awareness campaigns to include information on risk reduction and preventive measures.

2. **Technological Innovation and Green Infrastructure**: Encourage the adoption of new

technologies that enhance infrastructure resilience, such as the use of smart sensors for real-time monitoring of environmental conditions. Invest in green infrastructure like water retention parks and green roofs to mitigate the impacts of natural disasters.

3. **Public Policy and Governance**: Develop governmental policies that promote sustainable development and integrated risk management. Legislation should support resilient construction, sustainable urban planning, and the protection of naturally protected areas to reduce vulnerability to disasters.

4. **International Collaboration and Knowledge Sharing**: Establish international partnerships for sharing best practices and cooperation in resilience research. Exchanges between countries and communities can lead to innovations and common approaches that enhance global resilience.

5. **Environmentalism and Carbon Footprint Reduction**: Implement actions aimed at reducing carbon emissions and preserving natural ecosystems. Reforestation strategies, wetland protection, and the use of renewable energy contribute to minimizing the effects of climate change.

6. **Strengthening Local Capacities**: Increase resources allocated to local teams and organizations to enhance their ability to respond quickly and effectively to crises. Continuous

training, logistical support, and access to advanced technologies lead to better local risk management.

7. **Continuous Engagement and Collective Responsiveness**: Encourage ongoing community engagement in resilience initiatives, with a focus on the continuous improvement of prevention and management strategies. This includes regular assessments of existing procedures and adjustments to new climate trends and challenges.

By adopting these recommendations, communities can significantly improve their resilience to natural disasters, thus ensuring the safety, well-being, and prosperity of present and future generations.

Tips for Protecting Against Floods and Storms: Practical Guide

Context

Imagine a small neighborhood in the western region of France, regularly exposed to storms and heavy rain, threatening to flood homes and disrupt daily life. A recent storm alert predicts gusty winds and heavy precipitation over several days.

Techniques and Tips for Action

1. **Preventive Assessment**

- **Risk Mapping**: Begin by mapping your home and neighborhood to identify weak points such as basements, garages, and gardens vulnerable to flooding. Use online mapping applications or software to monitor real-time weather data.

- **Community Meetings**: Organize neighborhood gatherings to discuss risks, share past experiences, and effective solutions previously implemented.

2. **Home Modifications**

- **Installation of Physical Barriers**: Place sandbags or temporary barriers around ground floor doors and windows to prevent water intrusion. Automatic barriers can be a long-term investment.

- **Sump Pumps**: Ensure your sump pump is functional to drain excess water from basements. Having a backup generator for the pump ensures its operation even during power outages.

3. **Green Space Optimization**

- **Rain Gardens**: Encourage the installation of rain gardens to absorb runoff and help reduce the volume of water reaching municipal drainage systems.

- **Green Roofs**: If possible, install green roofs that absorb water and help insulate structures against wind and cold.

4. **Communication and Evacuation Plans**

- **Use of Social Media**: Create a WhatsApp or Facebook group for the neighborhood to share real-time updates, weather alerts, and safety messages.

- **Evacuation Protocols**: Define and distribute clear evacuation routes, recognition signs for safe places, and emergency numbers. Organize evacuation drills for families.

5. **Monitoring and Maintenance**

- **Regular System Checks**: Regularly inspect your gutters and roofs to ensure they are not clogged. Do the same for drainage outlets around your property.

- **Post-Event Evaluation**: Once the storm has passed, assess potential damage and note lessons learned for future improvements.

By implementing these techniques and tips, you and your community will be better prepared to address the challenges posed by floods and storms. Proactive preparation and community resilience are essential not only for protecting material assets but also for ensuring the safety and well-being of all. These individual and collective actions enhance the adaptive capacity of homes and neighborhoods, turning climate challenges into opportunities for innovation and solidarity.

FAQ - Protecting Against Floods and Storms: Practical Guide

1. **What is the main purpose of this guide?**

This guide aims to provide practical information and recommendations to help individuals and communities prepare for and effectively respond to floods and storms. It is intended for educational and informational purposes.

2. **Does the guide guarantee complete protection against natural disasters?**

No, this guide does not guarantee complete protection. Weather events are unpredictable and can vary in intensity and impact. The proposed strategies are designed to minimize risks and damage, but they cannot fully eliminate the risks associated with extreme natural phenomena.

3. **How does this guide protect me legally when using the recommendations?**

This guide offers suggestions based on generally accepted practices and should not be considered professional or legal advice. The author of the guide disclaims any liability for individual actions taken based on the advice provided. It is always recommended to consult local experts or qualified professionals when applying specific measures.

4. **Who should I contact in case of a weather-related emergency?**

In an emergency, it is crucial to contact local emergency services, such as firefighters or civil protection. The guide does not replace the advice or interventions of emergency services.

5. **Are the technologies recommended in this guide guaranteed to be effective?**

The technologies and methods recommended in this guide are generally recognized for increasing resilience to weather conditions. However, their effectiveness depends on many factors, including proper installation and the specific conditions of a given situation. Consulting specialists for specific advice is recommended.

6. **Can I share the information contained in this guide with others?**

Yes, you are encouraged to share this information to promote disaster preparedness within your community. However, for commercial reproductions or significant sharing, it is recommended to contact the author regarding copyright matters.

7. **Does this guide include real testimonies or case studies?**

This guide may include stories inspired by plausible scenarios but anonymized to protect confidentiality. Any resemblance to real events or individuals is purely coincidental.

8. **Does following the guide's advice replace legal or regulatory requirements?**

No, this guide does not replace local legal or regulatory obligations. It is important to comply with all laws and regulations specific to your region concerning preparations and responses to weather phenomena.

9. **How can I get more information or clarifications on certain aspects of the guide?**

For more information or specific questions related to the guide's content, please contact the author using the contact details provided in the acknowledgments section or at the end of the guide.

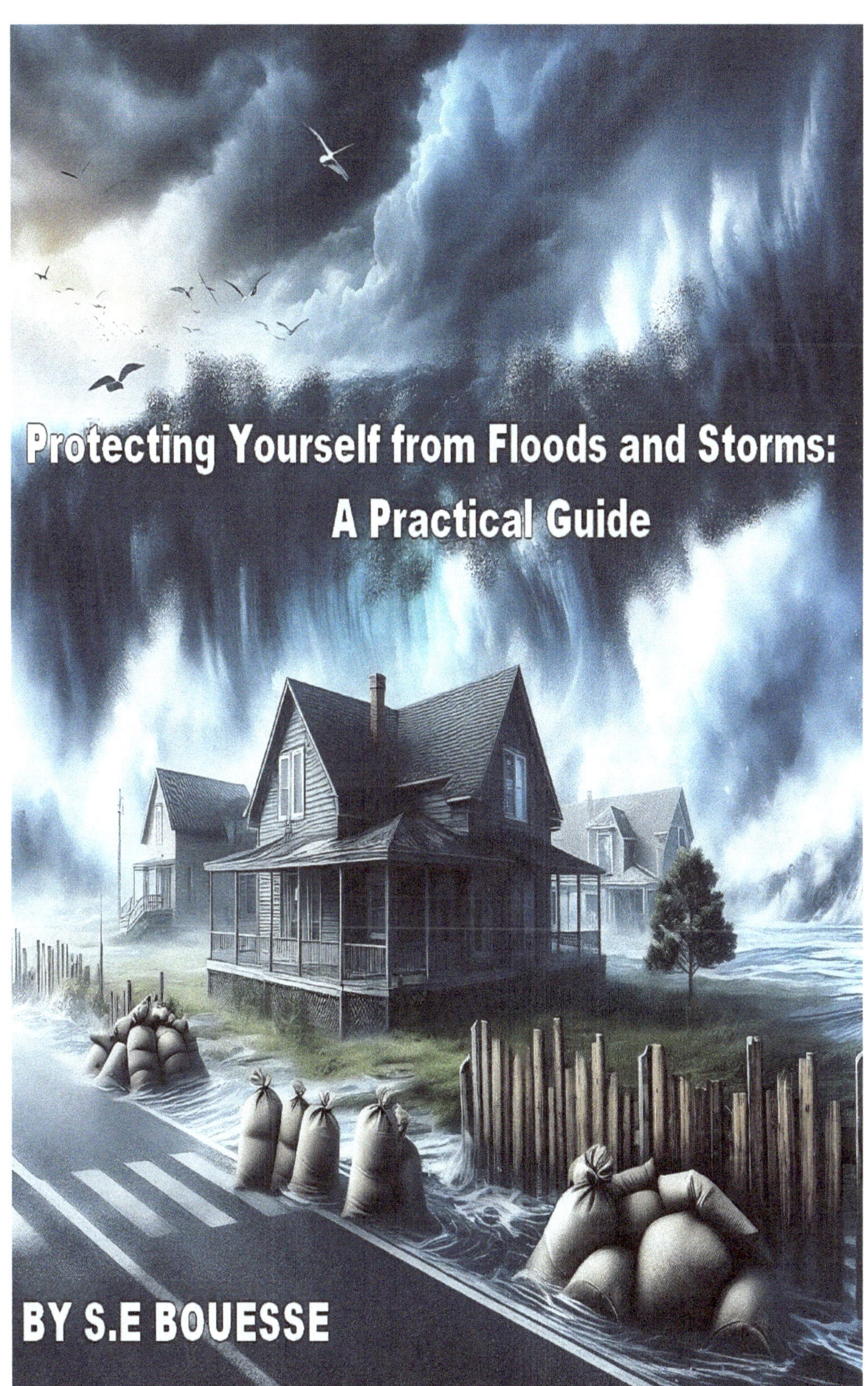
Protecting Yourself from Floods and Storms:
A Practical Guide
BY S.E BOUESSE

ACKNOWLEDGEMENTS:

PUBLISHER: GROUPE BUSINESS THERAPIE

GRAPHIC CONTRIBUTION: kharYsma Arafat NZABA

Email: notairebtc@yahoo.fr

arafatnzaba@groupe-businesstherapie.net

AUTHOR: S.E Bouesse (PSEUDONYM)

© 2024, GROUPE BUSINESS THERAPIE.